Foreign Copyright:
Joonwon Lee Mobile: 82-10-4624-6629

Address: 3F, 127, Yanghwa-ro, Mapo-gu, Seoul, Republic of Korea 3rd Floor
Telephone: 82-2-3142-4151
E-mail: jwlee@cyber.co.kr

옥효진 선생님의 매일매일 문해력 왕 ⑪

2024. 6. 17.   초 판 1쇄 인쇄
2024. 6. 26.   초 판 1쇄 발행

지은이 | 옥효진
그 림 | 신경영
펴낸이 | 최한숙
펴낸곳 | BM 성안북스
주 소 | 04032 서울시 마포구 양화로 127 첨단빌딩 3층(출판기획 R&D 센터)
        10881 경기도 파주시 문발로 112 파주 출판 문화도시 (제작 및 물류)
전 화 | 02) 3142- 0036
        031) 950- 6300
팩 스 | 031) 955- 0510
등 록 | 1973. 2. 1. 제406-2005-000046호
출판사 홈페이지 | www.cyber.co.kr
이메일 문의 | smkim@cyber.co.kr
ISBN | 978-89-7067-454-4 (64710) / 978-89-7067-443-8 (set)
정 가 | 12,800원

이 책을 만든 사람들
총괄 · 진행 | 김상민
기획 | 북케어
본문 · 표지 디자인 | 정유정
홍보 | 김계향, 임진성, 김주승
국제부 | 이선민, 조혜란
마케팅 | 구본철, 차정욱, 오영일, 나진호, 강호묵
마케팅 지원 | 장상범
제작 | 김유석

■ **도서 A/S 안내**

성안당에서 발행하는 모든 도서는 저자와 출판사, 그리고 독자가 함께 만들어 나갑니다.
좋은 책을 펴내기 위해 많은 노력을 기울이고 있습니다. 혹시라도 내용상의 오류나 오탈자 등이 발견되면 **"좋은 책은 나라의 보배"**로서 우리 모두가 함께 만들어 간다는 마음으로 연락주시기 바랍니다. 수정 보완하여 더 나은 책이 되도록 최선을 다하겠습니다.
성안당은 늘 독자 여러분들의 소중한 의견을 기다리고 있습니다. 좋은 의견을 보내주시는 분께는 성안당 쇼핑몰의 포인트(3,000포인트)를 적립해 드립니다.
잘못 만들어진 책이나 부록 등이 파손된 경우에는 교환해 드립니다.

옥효진 선생님의 매일매일 문해력 왕 ⑪

1교시 : 우리나라와 세계

2교시 : 공공시설과 상업 시설

3교시 : 공연과 문학

4교시 : 역사와 예술

BM 성안북스

우리는 하루 동안 수없이 많은 말을 들어요. 엄마, 아빠가 나에게 해 주시는 말들, 학교에서 쉬는 시간 동안 친구들과 나누는 말, 선생님이 수업 시간에 해 주시는 설명들, 만화나 영화 같은 영상 속 등장인물들이 하는 말들을 듣죠. 또, 수없이 많은 글을 읽고 있어요. 재미있는 이야기책 속의 글들, 교과서에 적혀 있는 글들, 길을 걸어가며 보이는 안내문과 간판들. 우리는 말과 글에 둘러싸여 살아가고 있다고 할 수 있는 거죠. 그런데 여러분은 여러분이 보고 듣는 것들을 얼마나 이해하고 있나요? 말을 듣는다고 모든 말을 이해하는 것은 아니에요. 글을 읽는다고 모든 글을 이해하는 것도 아니죠.

우리가 듣는 말과 읽는 글을 이해하기 위해서는 문해력이 필요해요. 문해력이란 내가 읽는 글, 내가 쓰는 글, 내가 듣는 말, 내가 하는 말의 뜻을 이해하고 내 것으로 만드는 능력이에요. 여러분이 읽게 될 교과서 속 글들도, 수업 시간에 선생님이 하는 말씀도, 갖고 싶었던 장난감의 설명서를 읽고 장난감을 사용하는 것도

이 문해력 없이는 어려운 일이에요. 문해력이 있어야 여러분이 보고 듣는 것을 이해할 수 있죠. 다시 말하자면 문해력이 점점 자랄수록 여러분이 경험하고 이해할 수 있는 세상이 점점 넓어지는 것이랍니다.

그래서 문해력을 어릴 적부터 기르는 게 중요해요. 하지만 문해력은 글자를 읽고 쓸 줄 안다고 저절로 생기는 것은 아니에요. 많은 글을 읽으면서 글이 어떻게 쓰여 있는지, 이 글에 담겨 있는 뜻은 무엇인지를 이해하는 연습을 해야 해요. 유명한 운동선수가 매일매일 꾸준히 연습하고, 훈련을 하는 것처럼 말이에요. 오늘부터 선생님과 함께 매일매일 문해력을 기르는 연습을 해 보는 건 어떨까요? 여러분도 모르는 사이에 여러분이 문해력 왕이 되어 있을지도 몰라요. 그만큼 세상을 보는 여러분의 눈도 쑥쑥 자라 있겠죠.

이 책을 통해 여러분들의 문해력이 쑥쑥 자라나기를 바라요. 그리고 쑥쑥 자라난 문해력으로 이제 막 세상에 발걸음을 떼기 시작하는 여러분이 볼 수 있는 세상이 넓어지기를 바랍니다.

옥효진 선생님

QR 코드를 찍어
이 책을 보는 법을
영상으로 만나 보세요!

초등 교과 전체에서 핵심 주제를 뽑아 어휘, 문법, 독해, 한자까지 익힐 수 있도록 일주일 프로그램으로 구성했습니다.

주제와 관련된 기본 어휘의 이해를 돕는 그림과 함께 익힐 수 있습니다.

주제와 관련된 기본 어휘인 명사, 동사, 형용사를 배웁니다.

주제와 관련된 의성어, 의태어를 배웁니다.

낱말 확장은 물론 속담, 관용어까지 배웁니다.

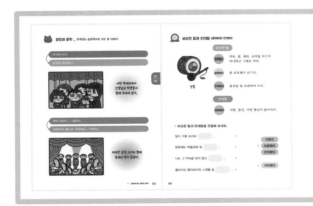

주제와 관련된 속담과 관용어를 익힙니다.

헷갈리기 쉬운 말, 잘못 쓰기 쉬운 말, 유의어, 반의어, 다의어, 동형어, 고유어, 외래어 등의 확장 낱말을 익힙니다.

7급, 8급 수준의 한자에서 추출한 문해력 핵심 한자를 배웁니다.

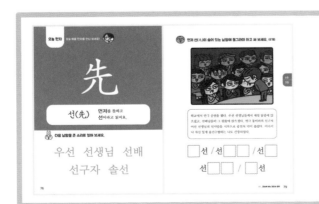

한 주에 1개의 핵심 한자와 연관된 한자어 5개를 학습합니다.

그림과 예시글을 통해 한자 사용의 이해를 높였습니다.

직접 써 보는 공간도 마련했습니다.

짧은 문장으로 시작해서 긴 문단 독해까지 독해력이 성장할 수 있도록 구성했습니다.

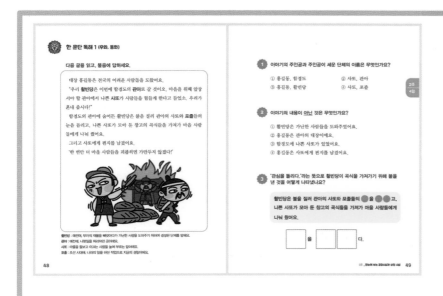

어순, 접속 부사, 종결형 문장, 시제, 높임말, 예사말, 피동, 사동, 부정 등을 익힐 수 있도록 했습니다.

주제와 관련된 확장 어휘를 사용하여 한 문장~세 문장 독해까지 완성된 문장을 만들 수 있도록 했습니다.

우화나 동화(문학), 생활에서 사용되는 지식글(비문학) 등 초등 교과에 담긴 12갈래 형식의 글을 통해 문제를 풀고 익힙니다.

※ 수학 개념을 적용한 문제까지 마련했습니다.

확인 학습을 통해 일주일간 학습한 내용을 복습합니다.

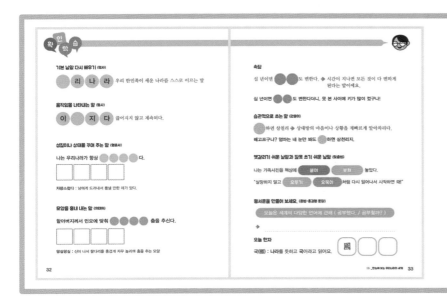

한 주간 배운 내용 중 핵심이 되는 내용을 추렸습니다.

일주일 안에 복습하는 공간을 만들어 학습한 내용을 장기 기억으로 저장할 수 있도록 했습니다.

목차

1주

한눈에 보는 **우리나라와 세계**

1일	명사	12
	동사	14
	형용사	15

| 2일 | 문장 독해 | 16 |
| | 의성어 의태어 | 19 |

3일	속담과 관용어	20
	낱말 확장	22
	문법	23

| 4일 | 한 문단 독해 1 (우화, 동화) | 24 |
| | 한 문단 독해 2 (지식글) | 26 |

| 5일 | 오늘 한자 | 28 |

| 확인 학습 | | 32 |

2주

한눈에 보는 **공공시설과 상업 시설**

1일	명사	36
	동사	38
	형용사	39

| 2일 | 문장 독해 | 40 |
| | 의성어 의태어 | 43 |

3일	속담과 관용어	44
	낱말 확장	46
	문법	47

| 4일 | 한 문단 독해 1 (우화, 동화) | 48 |
| | 한 문단 독해 2 (지식글) | 50 |

| 5일 | 오늘 한자 | 52 |

| 확인 학습 | | 56 |

3주

한눈에 보는 공연과 문학

1일	명사	60
	동사	62
	형용사	63
2일	문장 독해	64
	의성어 의태어	67
3일	속담과 관용어	68
	낱말 확장	70
	문법	71
4일	한 문단 독해 1 (우화, 동화)	72
	한 문단 독해 2 (지식글)	74
5일	오늘 한자	76
확인 학습		80

4주

한눈에 보는 역사와 예술

1일	명사	84
	동사	86
	형용사	87
2일	문장 독해	88
	의성어 의태어	91
3일	속담과 관용어	92
	낱말 확장	94
	문법	95
4일	한 문단 독해 1 (우화, 동화)	96
	한 문단 독해 2 (지식글)	98
5일	오늘 한자	100
확인 학습		104
정답		106

1주

한눈에 보는
우리나라와 세계

우리나라	대한민국
태극기	한민족
애국가	독립운동
통일	세계화
아시아	아프리카
오세아니아	북미
남미	유럽

우리나라   우리 한민족이 세운 나라를 스스로 이르는 말

태극기   대한민국의 국기

애국가   우리나라의 국가

독립운동   일본이 우리나라를 빼앗았을 때 우리 민족이 독립하기 위해 여러 가지 민족 운동을 하던 일

세계화   세계 여러 나라를 이해하고 받아들이는 것

아시아   우리나라가 포함된 여섯 개의 대륙 중의 하나로 지구 동쪽 부분의 북쪽

우리나라와 세계를 나타내는 말을 알아봅시다. (동사)

이어지다	연결하다	빼앗기다	되찾다	나뉘다
이끌다	나아가다	떠나다	구하다	힘쓰다

이어지다   끊어지지 않고 계속되다.

빼앗기다   가진 것을 억지로 남에게 잃게 되다.

이끌다   목표하는 곳으로 같이 가면서 따라오게 하다.

나아가다   앞으로 향하여 가다.

구하다   위험하고 어려운 일에서 벗어나게 하다.

힘쓰다   힘을 들여 도움이 되게 하다.

 한민족과 독립운동은 각각 어떤 일을 하는지 따라 써 보세요.

이어지다

연결하다

나아가다

되찾다

구하다

힘쓰다

우리나라와 세계의 성질이나 상태를 꾸며 주는 말을 알아봅시다. (형용사)

자랑스럽다	남에게 드러내서 뽐낼 만한 데가 있다.
놀랍다	감동을 일으킬 만큼 훌륭하거나 굉장하다.
눈부시다	매우 뛰어나다.
만족하다	조금도 모자람이 없을 정도로 넉넉하게 여기다.
평화롭다	조용하고 편안하며 뜻이 맞고 정답다.
꿋꿋하다	사람의 의지나 태도, 마음가짐이 매우 굳세다.

 어떤 말이 들어가야 할까요?

눈부　　　평화로　　　자랑스럽　　　놀랍

- 통일이 되어서 강하고 _____운 우리나라가 되면 좋겠다.

- 우리나라 국가 대표 선수가 _____신 금메달을 땄다.

- 세계화가 빠른 속도로 발전해서 _____다.

- 나는 우리나라가 항상 _____다.

한 문장 독해 _ 한 문장으로 된 글을 읽고, 물음에 답하세요.

김구 선생님은 일본에 빼앗긴 우리나라를 되찾기 위해 일생을 바친 분이다.

일생 : 세상에서 태어나서 죽을 때까지의 동안

1. 우리나라를 되찾기 위해 일생을 바친 분의 이름을 쓰세요.

⋯⋯⋯⋯⋯⋯⋯⋯⋯⋯⋯⋯⋯⋯⋯⋯⋯⋯⋯⋯⋯⋯⋯⋯⋯⋯⋯

우리 집은 국경일마다 대문 앞에 태극기를 단다.

국경일 : 나라의 좋은 일을 기념하기 위하여 법으로 정한 날

2. 우리 집에서 국경일마다 다는 것은 무엇인가요?

세계 국기 / 태극기 / 무궁화

나는 세계적으로 유명한 피아니스트인 김민수 씨가 한국인인 것이 자랑스럽다.

3. 나는 피아니스트인 김민수 씨를 어떻게 생각하고 있나요?

자랑스럽다. / 부끄럽다. / 재미있다.

두 문장 독해 _ 두 문장으로 된 글을 읽고, 물음에 답하세요.

> 할아버지는 친구와 6 · 25 전쟁 때 소식이 끊겼다고 한다.
> 지금도 통일이 되면 그 친구부터 찾고 싶다고 말씀하신다.

1. 할아버지가 통일이 되면 찾고 싶은 사람은 누구인지 쓰세요.

. . . .

> "아빠. 우리도 얼른 통일이 되었으면 좋겠어요."
> "그래. 무엇보다 평화롭게 이루어지도록 노력해야 한단다."

2. 통일은 어떻게 이루어져야 하나요?

> 빠르게 / 평화롭게 / 자유롭게 / 즐겁게

> 일본 경찰은 독립운동 단체를 없애려고 끊임없이 노력했다.
> 그러나 우리 민족은 일본에 무릎 꿇지 않고 계속 독립운동을 이어 나갔다.

3. 우리 민족은 독립운동을 어떻게 했나요?

> 일본에 무릎 꿇고 멈췄다.
> 계속 독립운동을 이어 나갔다.
> 독립운동 단체를 없앴다.

세 문장 독해 _ 세 문장으로 된 글을 읽고, 물음에 답하세요.

> 문화의 세계화는 어떻게 이루어지는 것이 좋을까?
> 그것은 우리 문화를 지키는 데 힘쓰고, 다른 나라의 문화는 받아들이는 것이다.
> 그러면 서로 어우러지면서 문화가 더 풍성하고 다양해진다.

1. 우리 문화는 어떻게 해야 하나요?

....

2. 다른 나라의 문화는 어떻게 해야 하나요?

....

3. 문화가 서로 어우러지면 어떻게 될까요?

....

모양을 흉내 내는 말 (의태어)

• 학 한 마리가 저 멀리 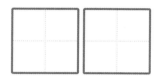 날아가요.

[ ] [ ]

훨훨 : 높이 떠서 느릿느릿 날개를 치며 매우 시원스럽게 나는 모양

• 우리나라 바다에는 섬들이 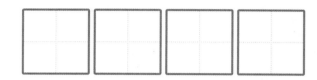 모여 있어요.

[ ] [ ] [ ] [ ]

옹기종기 : 크기가 다른 작은 것들이 고르지 않게 많이 모여 있는 모양

• 우리의 역사를 되새기면 어깨가  올라가요.

[ ] [ ] [ ] [ ]

으쓱으쓱 : 어깨를 들먹이며 잇따라 우쭐거리는 모양

• 할아버지께서 민요에 맞춰  춤을 추신다.

[ ] [ ] [ ] [ ]

덩실덩실 : 신이 나서 팔다리를 흥겹게 자꾸 놀리며 춤을 추는 모양

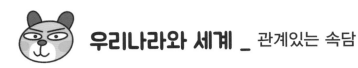

말은 나면 제주도로 보내고 사람은 나면 서울로 보내라.

말은 제주도에서 길러야 하고, 사람은 서울에서 공부하면 잘될 수 있다는 말이에요.

말은 나면 제주도로 보내고
사람은 나면 서울로 보내라지만,
어디서든
열심히 하면 돼!

십 년이면 강산도 변한다.

시간이 지나면 모든 것이 다 변하게 된다는 말이에요.

십 년이면 강산도 변한다더니,
못 본 사이에
키가 많이 컸구나!

우리나라와 세계 _ 관계있는 습관적으로 쓰는 말 (관용어)

척하면 삼천리

상대방의 마음이나 상황을 재빠르게 알아차리다.

배고프구나?
엄마는 네 눈만 봐도
척하면 삼천리지.

외국 물을 먹다.

외국에서 생활을 하다.

형은 미국에 있는 회사에서
외국 물을 먹고 돌아왔다.

헷갈리기 쉬운 낱말 (맞춤법)

 맞닿아 떨어지지 않게 하다.

 편지나 물건을 상대에게로 보내다.

 잘못 쓰기 쉬운 낱말 (맞춤법)

  밑을 무겁게 하여 아무렇게나 굴려도 다시 일어나게 만든 장난감

오뚝이   오뚜기✕

- '붙이다'와 '부치다'를 구분해 알맞은 말에 동그라미 해 보세요.

  나는 가족사진을 책상에 붙여   부쳐 놓았다.

  미국에 가는 형은 짐부터 붙였다   부쳤다 .

- 바르게 쓴 말에 동그라미 하세요.

  "실망하지 말고 오뚜기   오뚝이 처럼 다시 일어나서 시작하면 돼!"

평서문을 만들어 보세요. (문법-종결형 문장)

> **평서문**은 어떤 일의 내용이나 자기 생각을 있는 그대로 전달하는 문장이고, 문장 부호는 마침표(.)를 써요.

우리나라는 세 면이 (바다일까? / 바다이다.)

➡

....

미국은 나라의 면적이 정말 (크다. / 크구나!)

➡

....

오늘은 세계의 다양한 언어에 관해 (공부했다. / 공부할까?)

➡

....

오늘 남극 대륙의 두꺼운 얼음 속에 무엇이 들어 있는지 (알아보았다. / 알아보자.)

➡

....

다음 글을 읽고, 물음에 답하세요.

> 한 **양반**이 **백정**에게 고기를 사러 왔어요.
>
> "네 **이놈**, 상길아. 고기 한 근만 내놔."
>
> 잠시 후, 다른 양반도 고기를 사러 왔어요.
>
> "여보게, 박 **서방**. 여기 고기 한 **근** 주시게."
>
> 백정은 더 큰 고기를 주었고, 그것을 본 앞의 양반은 왜 다르냐며 화를 냈어요.
>
> "양반님의 고기는 네 이놈 상길이가, 저분 고기는 박 서방이 드린 것인데, 어찌 같겠습니까?"
>
> 백정의 대답을 들은 양반은 부끄러워 얼굴이 빨개졌어요.
>
>

양반 : 고려, 조선 시대에 지배층을 이루던 신분이 높은 사람이에요.

백정 : 고려, 조선 시대에 동물을 잡는 일을 하던 사람으로 가장 낮은 신분이었어요.

이놈 : 남자를 낮게 이르는 말이에요.

서방 : 옛날에 벼슬이 없는 사람을 부를 때 성 뒤에 붙여 쓰는 말이에요.

근 : 무게의 단위를 뜻해요.

양반들이 백정에게 온 이유는 무엇인가요?

① 상길이를 놀리려고　　　② 고기를 사려고

③ 박 서방이라고 부르려고　　④ 화를 내려고

 백정의 대답을 들은 양반의 얼굴이 왜 빨개졌을까요?

① 백정에게 나쁘게 말한 것이 부끄러워서

② 고기를 사러 간 곳이 너무 더워서

③ 백정의 말에 너무 화가 나서

④ 고기를 더 많이 사고 싶어서

 백정이 네 사람에게 고기 한 근씩을 팔았다면 총 몇 근을 팔았나요?

1근 + 1근 + 1근 + 1근

1 + 1 + 1 + 1 = ⬭ 근

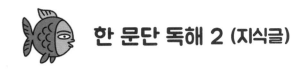

다음 글을 읽고, 물음에 답하세요.

제20회 세계 소리 축제

세상의 모든 소리

세계의 음악이 한 곳에 어우러지는 자리를 마련합니다.

이번 세계 소리 축제에서는 **유네스코 세계 무형 문화유산**으로 지정된 각 나라 전통 음악을 다양하게 감상할 수 있는 특집 공연이 펼쳐지니 놓치지 마세요.

한국의 판소리와 **종묘 제례악**을 비롯해 필리핀, 이집트, 인도 등 여러 나라의 다양한 전통 음악이 세계 소리 축제에 참여하였습니다.

서로 다름이 음악적 어울림으로 조화를 이루는 황홀한 시간에 여러분을 초대합니다.

유네스코 세계 무형 문화유산 : 유네스코(유엔 교육 과학 문화 기구)가 보존, 보호, 발전을 위하여 뽑은 가치 있고 독창적인 음악, 춤, 기술을 말해요.
종묘 제례악 : 조선 시대에, 왕의 제사 때에 쓰던 음악이에요.

1 '세상의 모든 소리'는 어떤 행사인가요?

① 세계의 다양한 음악을 감상하는 축제

② 세계 여러 나라 악기를 판매하는 행사

③ 우리나라 전통 음악 축제

④ 종묘 제례악 특집 공연

 세계 소리 축제에서 들을 수 있는 음악이 <u>아닌</u> 것은 무엇인가요?

① 세계 무형 문화유산으로 올라가 있는 세계 전통 음악

② 판소리

③ 인도 전통 음악

④ 힙합 음악

3 '어떤 분위기에 빠져서 마음이 들뜬 상태'라는 뜻으로 세계 소리 축제의 시간을 어떻게 나타냈나요?

> 서로 다름이 음악적 어울림으로 조화를 이루는 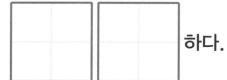한 시간에 여러분을 초대합니다.

하다.

國

국(國)　나라를 뜻하고
국이라고 읽어요.

 다음 낱말을 큰 소리로 읽어 보세요.

대한민국　국기

국어　한국어　국제적

이 글자는 두 개의 성벽 안에 창을 들고 지키는 모양이에요.

모양	뜻	소리
國	나라	국

쓰는 순서와 쓰기

丨 冂 冂 冃 同 同 囙 囙 國 國 國

| 나라 국 | 나라 국 | 나라 국 | 나라 국 |

| 나라 국 | 나라 국 | 나라 국 | 나라 국 |

낱말에 국(國)이 숨어 있으면, 그 낱말에는 '나라'의 뜻이 들어 있어요.

낱말에 똑같이 들어 있는 글자에 동그라미 하세요.	낱말에 숨어 있는 같은 한자에 동그라미 하세요.
대한민국	대한민國 아시아 대륙 동쪽에 있는 한반도와 섬으로 이루어진 나라, 우리나라
국기	國기 한 나라의 역사, 국민성, 나아가고자 하는 것을 상징하는 것, 우리나라의 태극기
국어	國어 한 나라의 국민이 쓰는 말
한국어	한國어 한국인이 사용하는 언어
국제적	國제적 여러 나라에 관계되는 것이나 여러 나라에 영향을 주는 것

공통 글자는 무엇인지 써 보세요.	공통 한자는 무엇인지 써 보세요.

나라 국(國)이 숨어 있는 낱말에 동그라미 하고 써 보세요. (5개)

대한민국의 국기는 태극기이고, 국가는 애국가, 국어는 한국어를 사용하고 있다. 예전에는 주변 나라가 탐내고 침략해도 당할 수밖에 없는 약한 나라였지만, 지금은 여러 분야에서 국제적으로 발전하여 누구도 넘볼 수 없는 나라가 되었다.

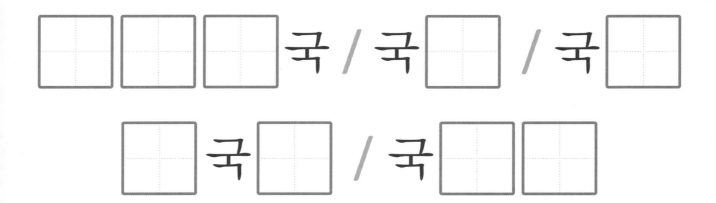

기본 낱말 다시 배우기 (명사)

◯ 리 나 라　우리 한민족이 세운 나라를 스스로 이르는 말

움직임을 나타내는 말 (동사)

이 ◯ 지 다　끊어지지 않고 계속되다.

성질이나 상태를 꾸며 주는 말 (형용사)

나는 우리나라가 항상 ◯◯◯◯ 다.

자랑스럽다 : 남에게 드러내서 뽐낼 만한 데가 있다.

모양을 흉내 내는 말 (의태어)

할아버지께서 민요에 맞춰 ◯◯◯◯ 춤을 추신다.

덩실덩실 : 신이 나서 팔다리를 흥겹게 자꾸 놀리며 춤을 추는 모양

속담

십 년이면 ⬤ ⬤ 도 변한다. ➜ 시간이 지나면 모든 것이 다 변하게
되다는 말이에요.

십 년이면 ⬤ ⬤ 도 변한다더니, 못 본 사이에 키가 많이 컸구나!

습관적으로 쓰는 말 (관용어)

⬤ 하면 삼천리 ➜ 상대방의 마음이나 상황을 재빠르게 알아차리다.

배고프구나? 엄마는 네 눈만 봐도 ⬤ 하면 삼천리지.

헷갈리기 쉬운 낱말과 잘못 쓰기 쉬운 낱말 (맞춤법)

나는 가족사진을 책상에 [붙여] [부쳐] 놓았다.

"실망하지 말고 [오뚜기] [오뚝이] 처럼 다시 일어나서 시작하면 돼!"

평서문을 만들어 보세요. (문법-종결형 문장)

오늘은 세계의 다양한 언어에 관해 (공부했다. / 공부할까?)

➜ . . . .

오늘 한자

국(國) : **나라**를 뜻하고 **국**이라고 읽어요.

한눈에 보는
공공시설과 상업 시설

구청	시청	행정복지센터	보건소
소방서	도서관	공원	백화점	시장
마트	상가	카페	미용실	세탁소	편의점

구청
도시를 구역으로 나눈 도시 행정 구역 중에서 '구'의 일을 맡아보는 기관

시청
도시를 구역으로 나눈 도시 행정 구역 중에서 '시'의 일을 맡아보는 기관

행정 복지센터
도시를 구역으로 나눈 도시 행정 구역 중에서 '동'의 일을 맡아보는 기관

도서관
온갖 종류의 책을 모아 두고 사람들이 볼 수 있도록 해 놓은 시설

백화점
여러 가지 상품을 나누어 진열해 놓고 판매하는 큰 규모의 종합 판매점

편의점
손님이 편리하도록 여러 가지 물건을 팔며 하루 종일 여는 가게

공공시설과 상업 시설을 나타내는 말을 알아봅시다. (동사)

처리하다	이용하다	몰리다	꺼리다	지나치다
따라다니다	대하다	건네다	마주하다	내주다

처리하다 순서에 따라 정리하여 치르거나 마무리를 짓다.

몰리다 여럿이 한곳으로 모여들다.

대하다 어떤 태도로 상대하다.

건네다 돈이나 물건을 남에게 주다.

마주하다 서로 똑바로 보고 대하다.

내주다 가지고 있던 것을 꺼내어 주다.

 구청과 백화점은 각각 어떤 일을 하는지 따라 써 보세요.

처리하다

이용하다

대하다

몰리다

건네다

내주다

공공시설과 상업 시설의 성질이나 상태를 꾸며 주는 말을 알아봅시다. (형용사)

친절하다	대하는 태도가 매우 정겹고 예의 바르며 부드럽다.
불친절하다	친절하지 않다.
무뚝뚝하다	말이나 행동, 표정이 부드럽거나 정답지가 않다.
상냥하다	대하는 태도나 말이 따뜻하고 부드럽다.
떠들썩하다	여러 사람이 큰 소리로 마구 떠들어 몹시 시끄럽다.
귀찮다	마음에 들지 않거나 하기 싫어 괴롭다.

 어떤 말이 들어가야 할까요?

불친절   귀찮   상냥   떠들썩

- 백화점 직원의 목소리가 ⬜⬜⬜⬜⬜ 했다.

- 오늘 만난 판매원이 너무 ⬜⬜⬜⬜⬜ 해서 기분이 나빴다.

- 구청에 서류를 받으러 가는 일은 ⬜⬜⬜⬜⬜ 다.

- 엄청난 할인 소식에 마트가 ⬜⬜⬜⬜⬜ 했다.

한 문장 독해 _ 한 문장으로 된 글을 읽고, 물음에 답하세요.

> 구청 직원과 주민들은 장마철이 시작되기 전에 동네를 돌아보았다.

1. 동네를 돌아본 사람들은 누구인지 쓰세요.

....

> 어린이 도서관에는 일반 도서관보다 어린이를 위한 책이 훨씬 많아요.

2. 어린이를 위한 책이 많은 곳은 어디인가요?

> 일반 도서관 / 어린이 도서관 / 과학 도서관

> 시청 직원은 까다로운 일도 귀찮아 하지 않고 친절하고 꼼꼼하게 처리했다.

3. 시청 직원은 일을 어떻게 했나요?

> 친절하고 꼼꼼하게 / 귀찮아 하며 꼼꼼하게 / 친절하고 대충

두 문장 독해 _ 두 문장으로 된 글을 읽고, 물음에 답하세요.

> 삼촌은 서점에서 점원으로 일하신다.
> 삼촌은 언제나 웃는 얼굴로 친절하게 손님을 대하신다.

1. 삼촌이 일하시는 곳은 어디인지 쓰세요.

....

> "형. 잃어버린 지갑 찾았어?"
> "응. 경찰서에서 내 지갑을 찾았다는 연락이 와서 다녀오는 길이야."

2. 형이 지갑을 찾으러 다녀온 곳은 어디인가요?

> 은행 / 구청 / 미용실 / 경찰서

> 불이 난 것을 보자마자 화재 신고를 했다.
> 눈 깜짝할 사이에 소방차가 도착해서 큰불을 막을 수 있었다.

3. 불이 난 것을 보고 무엇을 했나요?

> 화재 신고를 했다.
> 구경만 했다.
> 불을 막았다.

세 문장 독해 _ 세 문장으로 된 글을 읽고, 물음에 답하세요.

> 문해군 보건소는 밤에도 참여할 수 있는 '별빛 주민 운동 교실'을 운영한다.
> 직장 때문에 운동할 시간을 내기 어려운 주민이 이용하기 좋다.
> 그리고 낮에 많은 사람이 몰려 이용을 꺼리는 주민에게도 기쁜 소식이다.

1. 문해군 보건소에서 운영하는 것은 무엇인가요?

....

2. 이 운동 교실은 어떤 주민이 이용하기 좋은가요?

....

3. 직장인뿐만 아니라 또 어떤 주민에게도 기쁜 소식인가요?

....

소리를 흉내 내는 말 (의성어)

- 멀리서 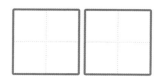 공사하는 소리가 들린다.

```
┌─────┬─────┐
│     │     │
│     │     │
└─────┴─────┘
```

윙윙 : 큰 기계의 모터나 바퀴가 잇따라 세차게 돌아가는 소리

- 은행에는 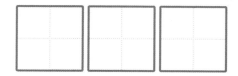 소리를 내며 지폐를 세는 기계가 있어요.

```
┌─────┬─────┬─────┐
│     │     │     │
│     │     │     │
└─────┴─────┴─────┘
```

차르륵 : 물건들이 한꺼번에 넓게 퍼지거나 쏟아지는 소리

- 엘리베이터에 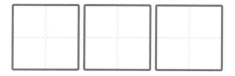 대며 타면 안 돼요.

```
┌─────┬─────┬─────┐
│     │     │     │
│     │     │     │
└─────┴─────┴─────┘
```

쿵당탕 : 잘 울리는 바닥에 단단하고 큰 물건이 몹시 요란하게 떨어지거나
        부딪칠 때 나는 소리

- 시장 안이 사람들의 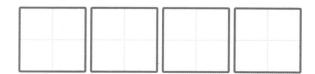 한 소리로 가득해요.

```
┌─────┬─────┬─────┬─────┐
│     │     │     │     │
│     │     │     │     │
└─────┴─────┴─────┴─────┘
```

왁자지껄 : 여럿이 시끄럽게 떠들며 말하는 소리

고양이보고 반찬 가게 지키라는 격이다.

믿지 못할 사람에게 맡겨 놓고 걱정한다는 말이에요.

동생에게 사탕을 맡긴 건,
고양이보고 반찬 가게
지키라는 격이야.

목구멍이 포도청

살기 위해서 무슨 일이든 다 한다는 뜻이에요.

포도청 : 조선 시대에, 죄를 지은 사람을 잡거나 다스리는 일을 맡아보던 곳

목구멍이 포도청이라고
배가 고파서
우유를 훔쳤다는 기사를 보고
마음이 아팠다.

공공시설과 상업 시설 _ 관계있는 습관적으로 쓰는 말 (관용어)

장내를 뒤흔들다.

분위기를 신나게 만들다.

운동회 응원 소리가
장내를 뒤흔들어 놓았다.

갈 길이 멀다.

해야 할 일들이 많이 남아 있다.

이 텃밭을 다 채우려면
아직 갈 길이 멀었네.

여러 가지 뜻을 가진 낱말 (다의어)

1 맡다

어떤 일에 대한
책임을 지고
담당하다.

2 맡다

어떤 물건을
받아 보관하다.

3 맡다

자리나 물건을
차지하다.

• 어떤 '맡다'인지 번호를 써 보세요.

나는 어제부터 반장을 맡게 되었다.

도서관에 일찍 온 내가 친구의 자리까지 맡아 놓았다.

언니에게 책가방을 맡기고 문방구에 다녀왔다.

46

'못'을 사용하여 밑줄 친 부분을 고쳐 써 보세요. (문법-부정 표현)

> **못 부정문**은 상황이 안 돼서 할 수 없거나, 하고 싶지만 내 힘으로 할 수 없을 때 사용하는 부정 표현이에요.
>
> ➜ **배가 아파서 아무것도 못 먹었다.**

공휴일이라 도서관에서 책을 <u>빌렸다</u>.

➜

....

"가게에 떡이 다 팔려서 떡을 <u>샀어</u>."

➜

....

"나는 오늘 공부를 해야 해서 축구장에 <u>가</u>."

➜

....

소방서는 위급한 상황에 대비해야 해서 1년 내내 <u>쉰다</u>.

➜

....

다음 글을 읽고, 물음에 답하세요.

대장 홍길동은 전국의 어려운 사람들을 도왔어요.

"우리 **활빈당**은 이번에 함경도의 **관아**로 갈 것이오. 마을을 위해 앞장 서야 할 관아에서 나쁜 **사또**가 사람들을 힘들게 한다고 들었소. 우리가 혼내 줍시다!"

함경도의 관아에 숨어든 활빈당은 불을 질러 관아의 사또와 **포졸**들의 눈을 돌리고, 나쁜 사또가 모아 둔 창고의 곡식들을 가져가 마을 사람들에게 나눠 줬어요.

그리고 사또에게 편지를 남겼어요.

'한 번만 더 마을 사람들을 괴롭히면 가만두지 않겠다!'

활빈당 : 예전에, 부자의 재물을 빼앗아다가 가난한 사람을 도와주기 위하여 결성된 단체를 말해요.

관아 : 예전에, 나랏일을 처리하던 곳이에요.

사또 : 마을을 돌보고 이끄는 사람을 높여 부르는 말이에요.

포졸 : 조선 시대에, 나라의 일을 하던 직업으로 지금의 경찰이에요.

1 이야기의 주인공과 주인공이 세운 단체의 이름은 무엇인가요?

① 홍길동, 함경도   ② 사또, 관아

③ 홍길동, 활빈당   ④ 사또, 포졸

2 이야기의 내용이 <u>아닌</u> 것은 무엇인가요?

① 활빈당은 가난한 사람들을 도와주었어요.

② 홍길동은 관아의 대장이에요.

③ 함경도에 나쁜 사또가 있었어요.

④ 홍길동은 사또에게 편지를 남겼어요.

3 '관심을 돌리다.'라는 뜻으로 활빈당이 곡식을 가져가기 위해 불을 낸 것을 어떻게 나타냈나요?

> 활빈당은 불을 질러 관아의 사또와 포졸들의 ●을 ●●고, 나쁜 사또가 모아 둔 창고의 곡식들을 가져가 마을 사람들에게 나눠 줬어요.

☐ 을 ☐☐ 다.

다음 글을 읽고, 물음에 답하세요.

엄마와 시장에 갔다.

버스로 10분 정도 가면 50년 이상의 역사가 있는 오래된 시장이 있는데, 엄마도 어렸을 때 외할머니와 자주 갔었다고 한다.

떡을 살 때는 가게 아저씨께서 **덤**으로 더 담아 주셨고, 젤리가 오백 원이어서 사려고 했더니, 파는 아주머니께서 백 원을 깎아 주기도 하셨다.

마트나 백화점에서는 덤을 준다거나, 값을 깎아 주는 것을 본 적이 없어서 이런 것이 정겹고 재미있었다.

여름 방학 숙제로 전통 시장 체험을 한 것이었지만, 종종 가고 싶다고 생각했다.

덤 : 제 값어치 말고 조금 더 얹어 주는 일이나 물건을 말해요.

1 오늘 간 시장에 관한 설명이 <u>아닌</u> 것은 무엇인가요?

① 버스로 10분 정도의 거리에 있어요.

② 50년 이상 오래된 시장이에요.

③ 정겹고 재미있는 곳이라고 생각했어요.

④ 엄마도 처음 가 보는 시장이에요.

2주
4일

 2 마트나 백화점이 시장과 <u>다른</u> 점은 무엇인가요?

① 덤을 주거나, 값을 깎아 주지 않아요.

② 시장의 상인들보다 정이 없어요.

③ 마트나 백화점 물건이 질이 훨씬 좋아요.

④ 시장보다 장사가 잘 안돼요.

 3 젤리를 얼마에 샀나요?

젤리가 오백 원이어서 사려고 했더니, 파는 아주머니께서 백 원을 깎아 주기도 하셨다.

오백 원 – 백 원

500 – 100 = ⬚ 원

내(內) 안을 뜻하고
내라고 읽어요.

 다음 낱말을 큰 소리로 읽어 보세요.

국내   안내   내용

내외   내부

이 글자는 전통 집의 내부를 그린 모양이에요.

모양	뜻	소리
內	안	내

쓰는 순서와 쓰기

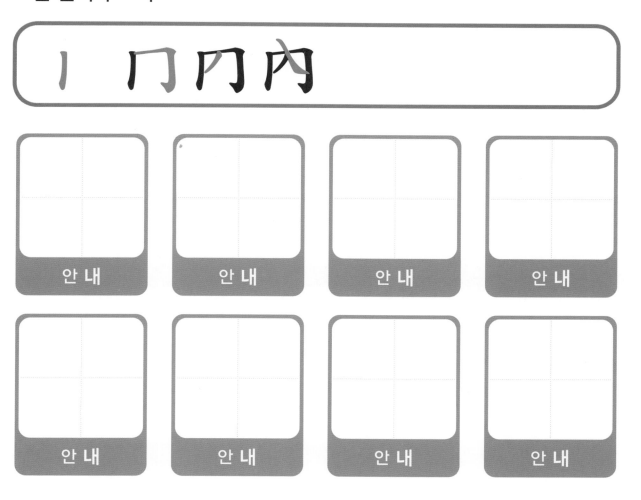

낱말에 내(內)가 숨어 있으면, 그 낱말에는 '안'의 뜻이 들어 있어요.

<table>
<tr><td>낱말에 똑같이 들어 있는 글자에 동그라미 하세요.</td><td>낱말에 숨어 있는 같은 한자에 동그라미 하세요.</td></tr>
</table>

국내	국內 나라의 안
안내	안內 어떤 내용을 소개하여 알려 줌
내용	內용 안에 든 것
내외	內외 안과 밖을 아울러 이르는 말
내부	內부 안쪽의 부분

공통 글자는 무엇인지 써 보세요.	공통 한자는 무엇인지 써 보세요.

안 내(內)가 숨어 있는 낱말에 동그라미 하고 써 보세요. (5개)

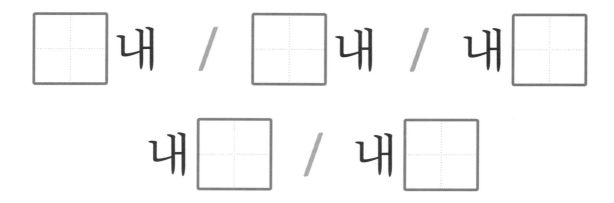

국내에서 가장 큰 박물관인 국립 중앙 박물관에 갔다. 안내도에 각 층의 유물에 대한 간단한 소개 내용이 있었다. 내외로 수많은 문화재와 유물이 전시되어 있는데, 내부에는 9,884점의 유물을, 외부에는 돌로 만든 다양한 미술품을 만날 수 있다.

☐내 / ☐내 / 내☐

내☐ / 내☐

기본 낱말 다시 배우기 (명사)

 청　도시를 구역으로 나눈 도시 행정 구역 중에서 '시'의 일을
맡아보는 기관

움직임을 나타내는 말 (동사)

 리 하 다　순서에 따라 정리하여 치르거나 마무리를 짓다.

성질이나 상태를 꾸며 주는 말 (형용사)

백화점 직원의 목소리가 했다.

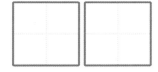

상냥하다 : 대하는 태도나 말이 따뜻하고 부드럽다.

소리를 흉내 내는 말 (의성어)

시장 안이 사람들의 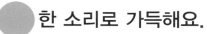 한 소리로 가득해요.

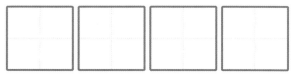

왁자지껄 : 여럿이 시끄럽게 떠들며 말하는 소리

속담

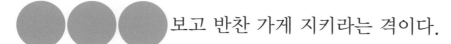 보고 반찬 가게 지키라는 격이다.

➡ 믿지 못할 사람에게 맡겨 놓고 걱정한다는 말이에요.

동생에게 사탕을 맡긴 건, ⬤⬤⬤ 보고 반찬 가게 지키라는 격이야.

습관적으로 쓰는 말 (관용어)

갈 ⬤ 이 멀다. ➡ 해야 할 일들이 많이 남아 있다.

이 텃밭을 다 채우려면 아직 갈 ⬤ 이 멀었네.

여러 가지 뜻을 가진 낱말 (다의어)

나는 어제부터 반장을
맡게 되었다.

- 어떤 일에 대한 책임을 지고 담당하다.
- 어떤 물건을 받아 보관하다.
- 자리나 물건을 차지하다.

'못'을 사용하여 밑줄 친 부분을 고쳐 써 보세요. (문법-부정 표현)

공휴일이라 도서관에서 책을 <u>빌렸다</u>.

➡ ....

오늘 한자

내(內) : 안을 뜻하고 **내**라고 읽어요.

한눈에 보는

공연과 문학

공연　　공연장　　관객　　연극　　영화　　뮤지컬

오페라　마술　콘서트　영화관　입장료　매진

문화생활　사회자　진행자　감독　지휘자

작품　작가　시인　소설　시　시나리오　희곡

공연	음악, 무용, 연극을 많은 사람 앞에서 보이는 일
연극	배우가 각본에 따라 어떤 사건이나 인물을 말과 동작으로 관객에게 보여 주는 무대 예술
뮤지컬	음악, 노래, 무용, 연극을 결합해서 큰 무대에서 보여 주는 종합 무대 예술
소설	사실이나 작가의 상상력을 바탕으로 이야기를 꾸며 자유롭게 쓴 이야기

공연과 문학을 나타내는 말을 알아봅시다. (동사)

| 부르다 | 가리다 | 추다 | 흔들다 | 사로잡다 |
| 펼치다 | 누리다 | 설레다 | 늘어서다 | 두근거리다 |

부르다   곡에 맞추어 노래의 가사를 소리 내다.

가리다   여럿 가운데서 성질이나 종류에 따라 하나를 고르다.

사로잡다   생각이나 마음을 온통 한곳으로 쏠리게 하다.

펼치다   보고 듣거나 감상할 수 있도록 사람들 앞에 나타내다.

누리다   마음껏 즐기다.

늘어서다   길게 줄지어 서다.

뮤지컬과 콘서트는 각각 어떤 일을 하는지 따라 써 보세요.

부르다

설레다

사로잡다

두근거리다

펼치다

추다

공연과 문학의 성질이나 상태를 꾸며 주는 말을 알아봅시다. (형용사)

어색하다	잘 모르거나 만나고 싶지 않은 사람과 마주 대하여 자연스럽지 못하다.
부끄럽다	마음에 걸려서 불편하고 떳떳하지 못하다.
창피하다	내세우지 못할 일을 하거나 불쾌한 일을 당하여 부끄럽다.
지루하다	시간이 오래 걸리거나 같은 상태가 계속되어 싫증이 나다.
따분하다	재미가 없어 지루하고 답답하다.
뻔하다	결과나 상태가 훤하게 들여다보이듯이 분명하다.

 어떤 말이 들어가야 할까요?

(뻔)　(부끄러)　(어색)　(지루)

• 나는 연극의 주인공 옷을 처음 입은 것이 　　　　　　　 했다.

• 나는 열심히 춤을 추다가 넘어져서 　　　　　　　 웠다.

• 읽고 있는 소설책이 너무 　　　　　　　 해서 졸았다.

• 열심히 읽은 이야기의 결말이 　　　　　　　 해서 아쉬웠다.

한 문장 독해 _ 한 문장으로 된 글을 읽고, 물음에 답하세요.

뮤지컬 배우는 연기는 물론, 노래를 부르고 춤을 추는 것 모두 잘해야 한다.

1. 연기, 노래, 춤 모두를 잘해야 하는 직업은 무엇인지 쓰세요.

....

내가 좋아하는 가수가 얼마 후 콘서트를 연다.

2. 가수가 여는 것은 무엇인가요?

콘서트 / 연극 / 드라마

오늘 읽은 작품은, 작가가 자신의 어린 시절 체험을 재미있게 적은 글이다.

3. 오늘 읽은 작품은 무엇을 적은 글인가요?

우리나라의 역사 / 여러 곳을 여행한 것 / 작가의 어린 시절 체험

두 문장 독해 _ 두 문장으로 된 글을 읽고, 물음에 답하세요.

> 바이올린 연주자인 김문해 씨가 크리스마스 특별 공연을 펼친다.
> 미리 표도 예매해 두고 공연 날만 기다리고 있다.

1. 김문해 씨는 크리스마스에 무엇을 펼치는지 쓰세요.

3주
2일

> "누나. 오늘 본 연극 정말 감동적이더라."
> "응. 그 연극을 무대에 올리기 위해 배우들이 1년이나 준비했대."

2. 오늘 본 것은 무엇인가요?

> 영화 / 뮤지컬 / 연극 / 연주회

> 김민수 씨는 우리나라에서 가장 뛰어난 지휘자로 손꼽히고 있다.
> 연주회가 끝나고 지휘자가 인사를 하자 박수가 쏟아졌다.

3. 지휘자가 인사를 하자 어떤 일이 일어났나요?

> 소리를 질렀다.
> 연주가 시작되었다.
> 박수가 쏟아졌다.

세 문장 독해 _ 세 문장으로 된 글을 읽고, 물음에 답하세요.

요즘은 영화가 그 나라의 예술 수준을 판단하는 기준이 된다.
우리나라 영화는 언제나 세계 영화계의 관심을 받고 있다.
감독의 능력과 배우들의 연기력을 세계에서 인정받고 있다.

1. 나라의 예술 수준을 판단하는 기준이 되는 것은 무엇인가요?

2. 우리나라 영화는 어디에서 관심을 받고 있나요?

3. 세계에서 인정받는 것은 무엇인가요?

모양을 흉내 내는 말 (의태어)

- 마술사는 모자 안을 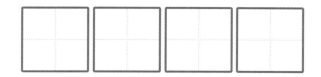하더니 꽃 한 송이를 꺼냈다.

뒤적뒤적 : 물건들을 이리저리 들추며 계속 뒤지는 모양

3주
2일

- 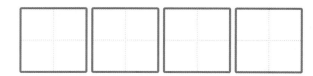 쓴 글이었는데 좋은 평가를 받았다.

끄적끄적 : 글씨나 그림을 자꾸 아무렇게나 막 쓰거나 그리는 모양

- 영화를 보다가 눈물이 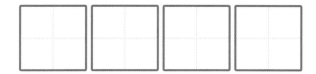 고였어요.

글썽글썽 : 눈에 눈물이 넘칠 듯이 자꾸 가득 고이는 모양

- 공연장 안은 사람들의 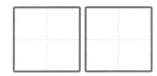 소리로 가득 찼다.

짝짝 : 손뼉을 자꾸 치는 소리나 모양

남의 장단에 춤춘다.

남이 하는 대로 따라 한다는 말이에요.

남의 장단에 춤추지 말고,
네가 가고 싶은
동아리를 선택하도록 해.

글 못한 놈 붓 고른다.

자기 능력은 생각지 않고, 다른 탓만 한다는 뜻이에요.

글 못한 놈 붓 고른다더니⋯.
좋은 필기구가 있어야
공부를 잘하는 건
아니야.

공연과 문학 _ 관계있는 습관적으로 쓰는 말 (관용어)

무대에 서다.

공연에 참여하다.

이번 학예회에서
선생님과 학생들이
함께 무대에 섰다.

막이 오르다. / 내리다.

공연이나 행사가 시작되다. / 마치다.

커다란 음악 소리와 함께
축제의 막이 올랐다.

글자만 같은 서로 다른 낱말 (동형어)

1
쓰다

2
쓰다

3
쓰다

연필 같은 도구로
종이에 그어서
글자의 모양이
이루어지게 하다.

혀로 느끼는 맛이
한약이나 씀바귀
맛과 같다.

어떤 일을 하는 데
시간, 돈, 재료,
도구를 이용하다.

• 어떤 '쓰다'인지 번호를 써 보세요.

세제를 많이 쓴다고 빨래가 더 깨끗해지지는 않는다.

"쓰기만 한 커피를 어른들은 왜 마시는 걸까?"

엄마가 써 주신 편지는 내 보물 1호이다.

70

시간을 나타내는 말을 사용해서 문장을 완성해 보세요. (문법-시제)

| 앞으로 | 얼마 전 | 얼마 후 | 곧이어 |

앞으로 : 이 시간 이후부터

얼마 전 : 멀지 않은 과거의 어느 때

얼마 후 : 멀지 않은 미래의 어느 때

곧이어 : 바로 뒤따라

3주

3일

내가 기다렸던 그 영화는 (　　　　)에 볼 수 있다고 한다.

➜ ....

"주말에 보러 갈 뮤지컬 표는 (　　　)에 이미 예약했어."

➜ ....

연극이 끝나자 (　　　) 배우들의 인사가 이어졌어요.

➜ ....

"콘서트가 시작하기까지 (　　　) 시간이 얼마나 남았어?"

➜ ....

다음 글을 읽고, 물음에 답하세요.

당나귀는 드디어 결심했어요.

'나도 내가 하고 싶은 일을 할 테야! **브레멘**의 **음악대**에 들어가야지.'

브레멘으로 향하는 길에 큰 소리로 노래를 부르는 수탉 한 마리를 만났어요.

"넌 목소리가 정말 크고, 노래도 참 잘하는구나. 나와 함께 브레멘으로 가지 않을래? 같이 음악대에 들어가자."

"좋아! 노래 하나는 자신 있지!"

당나귀와 수탉은 설레는 마음을 안고 브레멘으로 향했어요.

브레멘 : 독일의 도시 이름이에요.

음악대 : 음악을 연주하는 단체예요.

당나귀가 브레멘에 가서 하고 싶은 일은 무엇인가요?

① 수탉과 산책하기   ② 브레멘 여행하기

③ 열심히 일하기   ④ 음악대에 들어가기

 당나귀가 수탉에게 브레멘에 함께 가자고 한 이유는 무엇인가요?

① 혼자 가기가 심심해서

② 같이 음악대에 들어가려고

③ 브레멘으로 가는 길을 몰라서

④ 혼자만 수탉의 노래를 들으려고

 '마음이 가라앉지 않고, 들떠서 두근거리다.'라는 뜻으로 브레멘으로 향하는 당나귀와 수탉의 마음을 어떻게 나타냈나요?

당나귀와 수탉은 ●● 는 마음을 안고 브레멘으로 향했어요.

☐☐ 다.

한 문단 독해 2 (지식글)

다음 글을 읽고, 물음에 답하세요.

【공연 감상문】

- **공연 제목** : 어린이 인형극 '세 친구'
- **감상 날짜** : 2025년 5월 5일
- **장소** : 어린이 문화원 어린이 극장
- **사전 조사** : 카자흐스탄의 전래 동화 '세 친구 이야기'가 바탕이다.
- **내용과 느낌** : '세 친구' 인형극은, 밤에는 태양이 어디 숨는지 궁금했던 새끼 염소와 아기 양, 송아지가 태양을 찾아 떠나는 모험 이야기이다. 흔하지 않은 **카자흐스탄** 전통 소품과 인형을 활용해서 더 흥미로웠다.

　특히 유르트가 인상적이었는데, 유르트는 카자흐스탄 전통의 천막집이다. 그 안에 태양이 있다고 생각하며 들어갔을 때 무서운 늑대가 나오는 장면은 너무 놀랐었다. 작은 무대였지만 넓은 초원과 하늘의 해, 별이 모두 느껴져서 참 아름다운 인형극이었다.

카자흐스탄 : 중앙아시아에 있는 나라예요.

인형극 '세 친구'에 관한 내용으로 맞는 것은 무엇인가요?

① 우즈베키스탄의 전래 동화입니다.

② 달을 찾아 떠나는 모험 이야기입니다.

③ 유르트는 천막집입니다.

④ 전래 동화 '삼 형제 이야기'가 바탕입니다.

3주

4일

 인형극 '세 친구'에 등장하지 <u>않는</u> 동물은 무엇인가요?

① 새끼 염소   ② 송아지

③ 늑대   ④ 강아지

3 **'세 친구' 공연을 보러 간 날은 무슨 요일인가요?**

월	화	수	목	금	토	일
	1	2	3	4	5	6
7	8	9	10	11	12	13
14	15	16	17	18	19	20
21	22	23	24	25	26	27
28	29	30	31			

       요일

선(先)   먼저를 뜻하고
선이라고 읽어요.

 다음 낱말을 큰 소리로 읽어 보세요.

우선 선생님 선배

선구자 솔선

이 글자는 발이 먼저 앞서 나가는 모양이에요.

모양	뜻	소리
先	먼저	선

쓰는 순서와 쓰기

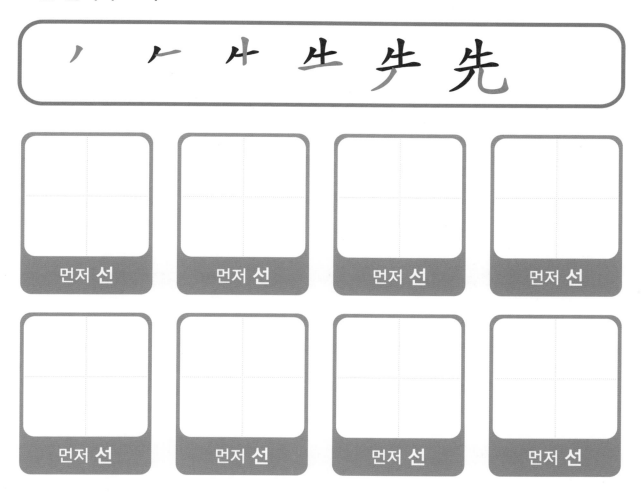

ノ　ﾉ　ﾄ　ﾄ　生　先　先

| 먼저 선 | 먼저 선 | 먼저 선 | 먼저 선 |

| 먼저 선 | 먼저 선 | 먼저 선 | 먼저 선 |

낱말에 선(先)이 숨어 있으면 그 낱말에는 '먼저'의 뜻이 들어 있어요.

낱말에 똑같이 들어 있는 글자에 동그라미 하세요.	낱말에 숨어 있는 같은 한자에 동그라미 하세요.
우선	우先 어떤 일에 앞서서
선생님	先생님 학생을 가르치는 사람
선배	先배 같은 분야에서 위치나 나이가 자기보다 많거나 앞선 사람
선구자	先구자 어떤 일이나 생각에서 다른 사람보다 앞선 사람
솔선	솔先 남보다 앞장서서 먼저 함

공통 글자는 무엇인지 써 보세요.	공통 한자는 무엇인지 써 보세요.
선	先

78

먼저 선(先)이 숨어 있는 낱말에 동그라미 하고 써 보세요. (5개)

학교에서 연극 공연을 했다. 우선 선생님들께서 제일 앞줄에 앉으셨고, 선배님들이 그 뒷줄에 앉으셨다. 연극 동아리의 선구자이신 선생님의 인사말을 시작으로 공연의 막이 올랐다. 어디서나 자신 있게 솔선수범하는 나도 긴장되었다.

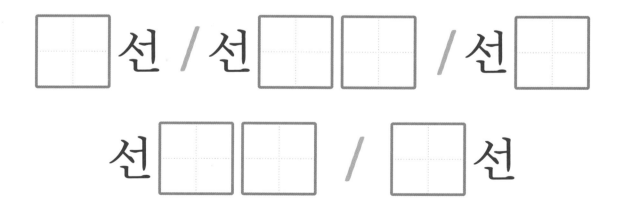

선 / 선　　 / 선

선　　 / 　선

기본 낱말 다시 배우기 (명사)

 음악, 무용, 연극을 많은 사람 앞에서 보이는 일

움직임을 나타내는 말 (동사)

 보고 듣거나 감상할 수 있도록 사람들 앞에 나타내다.

성질이나 상태를 꾸며 주는 말 (형용사)

나는 열심히 춤을 추다가 넘어져서 웠다.

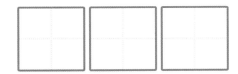

부끄럽다 : 마음에 걸려서 불편하고 떳떳하지 못하다.

모양을 흉내 내는 말 (의태어)

영화를 보다가 눈물이  고였어요.

글썽글썽 : 눈에 눈물이 넘칠 듯이 자꾸 가득 고이는 모양

속담

남의 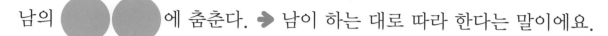에 춤춘다. ➡ 남이 하는 대로 따라 한다는 말이에요.

남의 ⬤⬤ 에 춤추지 말고, 네가 가고 싶은 동아리를 선택하도록 해.

습관적으로 쓰는 말 (관용어)

에 서다. ➡ 공연에 참여하다.

이번 학예회에서 선생님과 학생들이 함께 ⬤⬤ 에 섰다.

글자만 같은 서로 다른 낱말 (동형어)

엄마가 써 주신 편지는
내 보물 1호이다.

- 연필 같은 도구로 종이에 그어서 글자의 모양이 이루어지게 하다.
- 혀로 느끼는 맛이 한약이나 씀바귀 맛과 같다.
- 어떤 일을 하는 데 시간, 돈, 재료, 도구를 이용하다.

시간을 나타내는 말을 사용해서 문장을 완성해 보세요. (문법-시제)

"콘서트가 시작하기까지 (   ) 시간이 얼마나 남았어?"

➡ ....

오늘 한자

선(先) : 먼저를 뜻하고 선이라고 읽어요.

4주

한눈에 보는
역사와 예술

역사	민족	전통	국악	민요	민속화
시조	박물관	전래 동화	그림	화가	
작곡	작사	연주	전시회	미술관	

역사 인류 사회가 발전하고 변화하는 과정이나 기록

민족 한 지역에서 오랜 세월 동안 함께 생활하면서 똑같은 언어와 문화를 가지고 역사적으로 만들어진 집단

전통 지난 시대에 이루어져서 계속 전해 내려오는 생각이나 문화

민요 예로부터 사람들 사이에 불려 오던 전통적인 노래

화가 그림 그리는 것을 직업으로 하는 사람

전시회 특정한 물건을 벌여서 차려 놓고 사람들에게 보여 주는 모임

역사와 예술을 나타내는 말을 알아봅시다. (동사)

느끼다	그리다	잊다	감상하다	가다듬다
물려주다	나타내다	뽐내다	원하다	실리다

느끼다   마음속으로 어떤 감정을 겪다.

감상하다   예술 작품을 이해하여 즐기다.

가다듬다   소리를 내는 목청을 고르다.

물려주다   재물, 기술, 학문을 전하여 주다.

나타내다   마음에서 일어나는 것을 얼굴, 몸, 행동으로 드러내다.

실리다   글, 그림, 사진이 책이나 신문에 나오게 되다.

 그림과 민요는 각각 어떤 일을 하는지 따라 써 보세요.

그리다	느끼다	감상하다

가다듬다	물려주다	나타내다

역사와 예술의 성질이나 상태를 꾸며 주는 말을 알아봅시다. (형용사)

굳세다	마음먹은 것을 굽히지 않고 밀고 나아가는 힘이 있다.
훌륭하다	썩 좋아서 흠이 전혀 없다.
드높다	매우 높다.
떳떳하다	굽힐 것이 없이 당당하다.
차분하다	마음이 가라앉아 조용하다.
침착하다	행동이 들뜨지 않고 차분하다.

 어떤 말이 들어가야 할까요?

떳떳　　　훌륭　　　드높　　　침착

- 우리나라 전통 민요는 매력적이고 ＿＿＿＿＿＿하다.

- 나는 역사 앞에서 ＿＿＿＿＿＿한 사람이 되고 싶다.

- 붓글씨를 할 때는 ＿＿＿＿＿＿한 마음으로 해야 한다.

- 우리나라 전통 예술의 아름다움을 더 ＿＿＿＿＿＿이고 싶다.

한 문장 독해 _ 한 문장으로 된 글을 읽고, 물음에 답하세요.

나는 유명한 작곡가의 음악회에서 좋아하는 곡을 감상했다.

1. 어떤 사람의 음악회인지 쓰세요.

....

이 미술관에는 아기자기한 조각품들이 전시되어 있다.

2. 미술관에는 무엇이 전시되어 있나요?

그림 / 조각품 / 생활용품

대대로 전해 오는 민요를 사랑하는 것은 여러 민족의 공통점이다.

3. 여러 민족은 공통적으로 민요를 어떻게 생각하나요?

싫어한다. / 낯설다. / 사랑한다.

두 문장 독해 _ 두 문장으로 된 글을 읽고, 물음에 답하세요.

> 나는 박물관에서 전시된 골동품들을 감상했다.
> 마치 타임머신을 타고 옛날로 돌아간 듯한 느낌을 받았다.

1. 나는 어디에 갔는지 쓰세요.

....

> "저 가수는 노래만 부르는 게 아니라더라."
> "맞아. 저 가수는 작사, 작곡, 악기 연주까지 다 한대."

2. 가수가 하는 것은 무엇인가요?

> 작사, 작곡 / 연기, 노래 / 지휘, 연주 / 그림, 조각

> 피카소의 그림은 당시 사람들에게 큰 충격을 주었다.
> 특히 멀고 가까움을 표현하는 원근감이 없어 이상한 느낌을 준다.

3. 피카소의 그림은 왜 이상한 느낌을 주나요?

> 가볍고 무거운 것을 나타내지 않았다.
> 멀고 가까움을 표현하는 원근감이 없다.
> 넓거나 좁은 것을 표현하지 않았다.

세 문장 독해 _ 세 문장으로 된 글을 읽고, 물음에 답하세요.

조선 시대를 대표하는 화가는 김홍도와 신윤복이다.
두 사람의 그림에는 큰 차이가 있다.
김홍도는 색을 거의 칠하지 않았지만, 신윤복은 다양한 색을 사용했다.

1. 조선 시대를 대표하는 화가는 누구인가요?

....

2. 김홍도 그림의 특징은 무엇인가요?

....

3. 신윤복 그림의 특징은 무엇인가요?

....

소리를 흉내 내는 말 (의성어)

- 음악회가 시작할 시간이 다가오자 가슴이 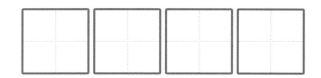 한다.

두근두근 : 몹시 놀라거나 불안하여 자꾸 가슴이 뛰는 소리

- 고흐의 그림을 보는 순간 가슴이 내려앉았다.

쿵 : 마음에 충격을 받아서 갑자기 가슴이 세게 뛰는 소리

- 화가는 난초의 잎을 단번에 그렸어요.

휙 : 갑자기 재빨리 움직이거나 스치는 모양

- 전시회장 입구에는 여러 나라 국기가 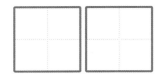 이고 있어요.

펄럭 : 바람에 빠르고 힘차게 나부끼는 소리

역사와 예술 _ 관계있는 속담

보고도 못 먹는 것은 그림의 떡

실속이 없는 것을 뜻해요.

용돈을 다 써서
이 장난감은 보고도
못 먹는 그림의 떡이지.

원님 덕에 나팔 분다.

남 덕분에 좋은 대접을 받는다는 뜻이에요.

원님 : 옛날에 마을의 우두머리
나팔 : 금속으로 만든 입으로 부는 악기

형이 칭찬받아서
나까지 원님 덕에
나팔 불었다.

소설을 쓰다.

지어내어 말하거나 거짓말을 하다.

동생이 나와 싸운 것을
소설 쓰듯 말해서
화가 났다.

4주
3일

역사의 한 페이지를 장식하다.

중요한 일로 기념하거나 기록하다.

오늘 축구팀의 승리는
역사의 한 페이지를
장식할 것이다.

비슷한 말과 반대말 (유의어와 반의어)

비슷한 말

지키다 약속, 법, 예의, 규칙을 어기지
아니하고 그대로 하다.

보존하다 잘 보호해서 남기다.

간직하다 물건을 잘 보관하여 두다.

반대말

사라지다 사람, 물건, 어떤 현상이 없어지다.

전통

• 비슷한 말과 반대말을 연결해 보세요.

달이 구름 속으로 [   ].   •

                                                              지켰다

문화재는 박물관에 잘 [   ].   •   • 보존했다

                                                              간직했다

나는 그 약속을 잊지 않고 [   ].   •

                                                              • 사라졌다

돌아가신 할아버지의 시계를 잘 [   ]. •

'이어 주는 말'을 사용하여 문장을 만들어 보세요. (문법-접속 부사)

> 그러면　　그래도　　따라서　　그리고

전래 동화는 대부분 입으로 전해져 왔다.
(　　　　) 많은 이야기가 남아 있다.

→
....

미술의 역사는 굉장히 길다. (　　　) 수만 년 전부터이다.

→
....

음악은 내 마음을 표현한다. (　　　) 마음을 달래 주기도 한다.

→
....

"도깨비는 무서운 외모로 그려집니다.
(　　　) 무서운 행동만 하는 걸까요?"

→
....

한 문단 독해 1 (우화, 동화)

다음 글을 읽고, 물음에 답하세요.

광화문의 양쪽에는 무섭기도 하고, 귀엽게 보이기도 하는 동물 '해태'가 있어요.

해태는 용과 같은 상상의 동물로, 불을 먹는답니다.

궁궐은 불에 약한 나무로 지어졌기 때문에 불기운을 막고 궁궐을 지키기 위해 해태를 문 앞에 세웠다고 해요.

사자와 비슷하나 머리 가운데에 뿔이 있고, 크게 벌린 입은 매우 용감해 보여요.

해태는 화재나 나쁜 일을 물리치는 **신성한** 동물이면서, 나쁜 사람은 머리의 뿔로 혼내 주고, 정의를 지키는 동물로도 여겨졌다고 해요.

궁궐 : 임금님이 거처하는 집이에요.

신성하다. : 함부로 가까이할 수 없을 만큼 훌륭하고 위대하다는 말이에요.

궁궐을 지키기 위해 문 앞에 세운 상상의 동물은 무엇인가요?

① 해태   ② 사자

③ 용   ④ 하마

 '해태'에 관한 설명으로 맞지 <u>않는</u> 것은 무엇인가요?

① 머리의 뿔로 나쁜 사람을 혼내 줘요.

② 불기운을 막아요.

③ 실제로 있는 동물이에요.

④ 정의를 지키는 동물이에요.

 '적이나 나쁜 것을 쳐서 없어지게 하다.'라는 뜻으로 해태가 화재나 나쁜 일을 없애는 것을 어떻게 나타냈나요?

해태는 화재나 나쁜 일을 ●●● 는 신성한 동물입니다.

                                       다.

다음 글을 읽고, 물음에 답하세요.

역사상 가장 위대한 지휘자 중 한 명인 카라얀은 조수미에 대해 '신이 내린 목소리'라며 감탄했다.

세계적인 지휘자 주빈 메타 또한 '100년에 한 사람 나올까 말까, 하는 목소리의 주인공이다.'라는 말을 했고, 프랑스의 유명 신문에서는 '요정도 그녀의 노래에 귀를 기울인다.'라고 평가했다.

하지만 세계적인 **성악가** 조수미도 자신의 재능 하나만을 믿었다면 이런 찬사는 듣지 못했을 것이다.

부모님의 **권유**로 음악을 시작했고, 어릴 때는 매일 8시간씩의 연습에서 도망치고 싶기도 했지만, 서서히 온 마음으로 음악을 사랑하게 되면서 노력과 열정을 다 할 수 있었다고 한다.

성악가 : 사람의 음성으로 하는 음악을 전문적으로 하는 음악가예요.
권유 : 어떤 일을 하도록 권하는 걸 말해요.

조수미의 목소리에 대한 표현이 <u>아닌</u> 것은 무엇인가요?

① 신이 내린 목소리

② 요정도 그녀의 노래에 귀를 기울인다.

③ 100년에 한 사람 나올까 말까, 하는 목소리의 주인공

④ 하늘을 수놓은 목소리이다.

4주
4일

 성악가 조수미에 대한 설명으로 맞는 것은 무엇인가요?

① 재능 하나만으로 성공하였다.

② 음악을 사랑하게 되면서 노력과 열정을 다 했다.

③ 연습을 게을리하면서 음악을 포기하였다.

④ 부모님은 음악 하는 것을 반대하셨다.

 성악가 조수미가 어릴 때 하루 중 음악 연습을 하지 않는 시간은 얼마일까요?

> 부모님의 권유로 음악을 시작했고, 어릴 때는 매일 8시간씩의 연습에서 도망치고 싶기도 했지만, 서서히 온 마음으로 음악을 사랑하게 되면서 노력과 열정을 다 할 수 있었다고 한다.

하루 24시간 – 음악 연습 시간 8시간

24 – 8 = ⬚ **시간**

민(民) 백성을 뜻하고
민이라고 읽어요.

백성 : 나라의 근본을 이루는 일반 국민을 예스럽게 이르는 말

 다음 낱말을 큰 소리로 읽어 보세요.

민족   서민   민요

민속   국민

이 글자는 사람의 눈을 찌르는 모양이에요.

모양	뜻	소리
民	백성	민

쓰는 순서와 쓰기

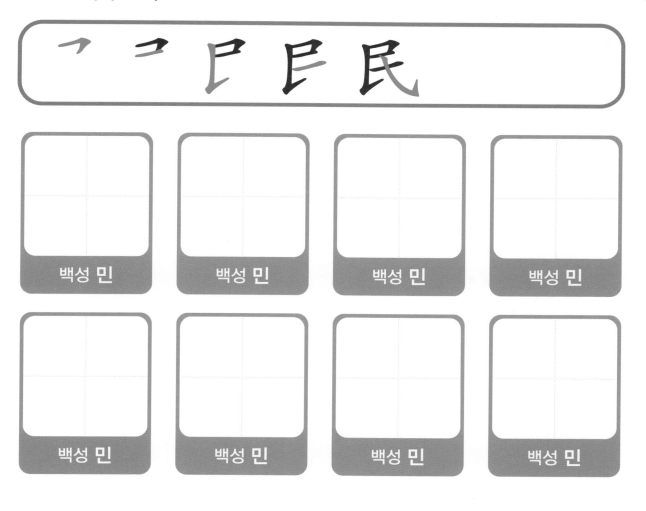

낱말에 민(民)이 숨어 있으면 그 낱말에는 '백성'의 뜻이 들어 있어요.

民족

민족

일정한 지역에서 오랜 세월 함께 생활하며
같은 언어, 문화, 역사를 바탕으로
만들어진 집단

서民

서민

옛날에 벼슬이나 높은 신분을 갖지 못한
사람을 말함

民요

민요

예로부터 사람들 사이에 불려 온
전통적인 노래

民속

민속

사람들의 생활과 가까운 신앙, 습관, 전설,
기술, 문화를 이르는 말

국民

국민

국가를 구성하는 사람

민

백성 민(民)이 숨어 있는 낱말에 동그라미 하고 써 보세요. (5개)

우리 민족의 음악에 대한 사랑은 변함없다. 옛날부터 양반, 서민 할 것 없이 민요를 즐겼고, 지금까지 우리 전통 민속으로 지속되고 있다. 2000년대부터는 케이팝의 세계적인 유행으로, 국민의 음악에 대한 사랑에 자랑스러움까지 더해졌다.

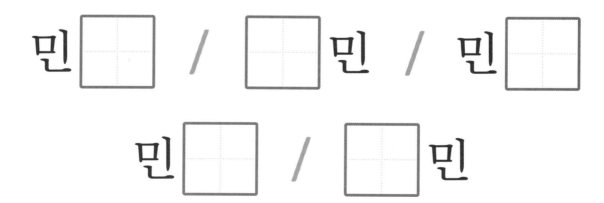

민⬜ / ⬜민 / 민⬜

민⬜ / ⬜민

기본 낱말 다시 배우기 (명사)

 전　　　　지난 시대에 이루어져서 계속 전해 내려오는 생각이나 문화

움직임을 나타내는 말 (동사)

 느　다　　마음속으로 어떤 감정을 겪다.

성질이나 상태를 꾸며 주는 말 (형용사)

나는 역사 앞에서 한 사람이 되고 싶다.

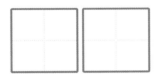

떳떳하다 : 굽힐 것이 없이 당당하다.

소리를 흉내 내는 말 (의성어)

음악회가 시작할 시간이 다가오자, 가슴이  한다.

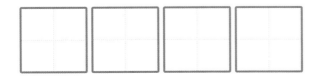

두근두근 : 몹시 놀라거나 불안하여 자꾸 가슴이 뛰는 소리

속담

보고도 못 먹는 것은 ⬤⬤ 의 떡 ➡ 실속이 없는 것을 뜻해요.

용돈을 다 써서 이 장난감은 보고도 못 먹는 ⬤⬤ 의 떡이지.

습관적으로 쓰는 말 (관용어)

⬤⬤ 을 쓰다. ➡ 지어내어 말하거나 거짓말을 하다.

동생이 나와 싸운 것을 ⬤⬤ 쓰듯 말해서 화가 났다.

비슷한 말과 반대말 (유의어와 반의어)

나는 그 약속을 잊지 않고 **지켰다** **사라졌다** .

달이 구름 속으로 **간직했다** **사라졌다** .

'이어 주는 말'을 사용하여 문장을 만들어 보세요. (문법-접속 부사)

전래 동화는 대부분 입으로 전해져 왔다.
(   ) 많은 이야기가 남아 있다.

➡ ....

오늘 한자

민(民) : 백성을 뜻하고 **민**이라고 읽어요.

1주

15p **어떤 말이 들어가야 할까요?**

평화로, 눈부, 놀랍, 자랑스럽

16p **한 문장 독해**

1. 김구   2. 태극기   3. 자랑스럽다.

17p **두 문장 독해**

1. 친구   2. 평화롭게

3. 계속 독립운동을 이어 나갔다.

18p **세 문장 독해**

1. 지키는데 힘쓴다.   2. 받아들인다.

3. 더 풍성하고 다양해진다.

22p **헷갈리기 쉬운 낱말과 잘못 쓰기 쉬운 낱말 (맞춤법)**

붙여, 부쳤다, 오뚝이

23p **평서문을 만들어 보세요. (문법—종결형 문장)**

우리나라는 세 면이 바다이다.

미국은 나라의 면적이 정말 크다.

오늘은 세계의 다양한 언어에 관해 공부했다.

오늘 남극 대륙의 두꺼운 얼음 속에 무엇이 들어 있는지 알아보았다.

25p **한 문단 독해 1 (우화, 동화)**

1. ②   2. ①   3. 4

27p **한 문단 독해 2 (지식글)**

1. ①   2. ④   3. 황홀

30p **낱말에 똑같이 들어 있는 글자에 동그라미 하세요.**

국

30p **낱말에 숨어 있는 같은 한자에 동그라미 하세요.**

國

31p **나라 국(國)이 숨어 있는 낱말에 동그라미 하고 써 보세요. (5개)**

(대한민)국   국(기)   국(어)   (한)국(어)

국(제적)

확인 학습 32p ~ 33p

우, 어, 자랑스럽, 덩실덩실, 강산, 강산, 척, 척, 붙여, 오뚝이

오늘은 세계의 다양한 언어에 관해 공부했다.

國, 國

2주

39p **어떤 말이 들어가야 할까요?**
상냥, 불친절, 귀찮, 떠들썩

40p **한 문장 독해**
1. 구청 직원과 주민들
2. 어린이 도서관
3. 친절하고 꼼꼼하게

41p **두 문장 독해**
1. 서점   2. 경찰서
3. 화재 신고를 했다.

42p **세 문장 독해**
1. 별빛 주민 운동 교실
2. 직장 때문에 운동할 시간을 내기 어려운 주민
3. 낮에 많은 사람이 몰려 이용을 꺼리는 주민

46p **여러 가지 뜻을 가진 낱말 (다의어)**
1, 3, 2

47p **'못'을 사용하여 밑줄 친 부분을 고쳐 써 보세요. (문법-부정 표현)**
공휴일이라 도서관에서 책을 못 빌렸다.
"가게에 떡이 다 팔려서 떡을 못 샀어."
"나는 오늘 공부를 해야 해서 축구장에 못 가."

소방서는 위급한 상황에 대비해야 해서 1년 내내 못 쉰다.

49p **한 문단 독해 1 (우화, 동화)**
1. ③   2. ②   3. (눈)을 (돌리)다.

51p **한 문단 독해 2 (지식글)**
1. ④   2. ①   3. 400

54p **낱말에 똑같이 들어 있는 글자에 동그라미 하세요.**

54p **낱말에 숨어 있는 같은 한자에 동그라미 하세요.**
(內)

55p **안 내(內)가 숨어 있는 낱말에 동그라미 하고 써 보세요. (5개)**
(국)내   (안)내   내(용)   내(외)   내(부)

확인 학습   56p ~ 57p

시, 처, 상냥, 왁자지껄, 고양이, 고양이, 길, 길

공휴일이라 도서관에서 책을 못 빌렸다.
內, 內

정답

3주

63p **어떤 말이 들어가야 할까요?**
어색, 부끄러, 지루, 뻔

64p **한 문장 독해**
1. 뮤지컬 배우   2. 콘서트
3. 작가의 어린 시절 체험

65p **두 문장 독해**
1. 특별 공연   2. 연극
3. 박수가 쏟아졌다.

66p **세 문장 독해**
1. 영화   2. 세계 영화계
3. 감독의 능력과 배우들의 연기력

70p **글자만 같은 서로 다른 낱말 (동형어)**
3, 2, 1

71p **시간을 나타내는 말을 사용해서 문장을
완성해 보세요. (문법–시제)**
내가 기다렸던 그 영화는 얼마 후에 볼 수 있
다고 한다.
"주말에 보러 갈 뮤지컬 표는 얼마 전에 이미
예약했어."
연극이 끝나자 곧이어 배우들의 인사가 이어
졌어요.
"콘서트가 시작하기까지 앞으로 시간이 얼마
나 남았어?"

73p **한 문단 독해 1 (우화, 동화)**
1. ④   2. ②   3. 설레

75p **한 문단 독해 2 (지식글)**
1. ③   2. ④   3. 토

78p **낱말에 똑같이 들어 있는 글자에 동그라미 하세요.**

(선)

78p **낱말에 숨어 있는 같은 한자에 동그라미 하세요.**
(先)

79p **먼저 선(先)이 숨어 있는 낱말에 동그라미 하고
써 보세요. (5개)**
(우)선   선(생님)   선(배)   선(구자)   (솔)선

확인 학습 80p ~ 81p

연, 펼, 부끄러, 글썽글썽, 장단, 장단, 무대, 무대

"콘서트가 시작하기까지 앞으로 시간이 얼마나
남았어?"
先, 先

108

4주

87p **어떤 말이 들어가야 할까요?**

훌륭, 떳떳, 침착, 드높

88p **한 문장 독해**

1. 유명한 작곡가   2. 조각품

3. 사랑한다.

89p **두 문장 독해**

1. 박물관   2. 작사, 작곡

3. 멀고 가까움을 표현하는 원근감이 없다.

90p **세 문장 독해**

1. 김홍도와 신윤복

2. 색을 거의 칠하지 않았다.

3. 다양한 색을 사용했다.

94p **비슷한 말과 반대말 (유의어와 반의어)**

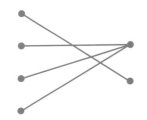

95p **'이어 주는 말'을 사용하여 문장을 만들어 보세요. (문법–접속 부사)**

전래 동화는 대부분 입으로 전해져 왔다. 그래도 많은 이야기가 남아 있다.

미술의 역사는 굉장히 길다. 따라서 수만 년 전부터이다.

음악은 내 마음을 표현한다. 그리고 마음을 달래 주기도 한다.

"도깨비는 무서운 외모로 그려집니다. 그러면 무서운 행동만 하는 걸까요?"

97p **한 문단 독해 1 (우화, 동화)**

1. ①   2. ③   3. 물리치

99p **한 문단 독해 2 (지식글)**

1. ④   2. ②   3. 16

102p **낱말에 똑같이 들어 있는 글자에 동그라미 하세요.**

 민

102p **낱말에 숨어 있는 같은 한자에 동그라미 하세요.**

 民

103p **백성 민(民)이 숨어 있는 낱말에 동그라미 하고 써 보세요. (5개)**

민(족)   (서)민   민(요)   민(속)   (국)민

확인 학습   104p ~ 105p

통, 끼, 떳떳, 두근두근, 그림, 그림, 소설, 소설, 지켰다, 사라졌다

전래 동화는 대부분 입으로 전해져 왔다. 그래도 많은 이야기가 남아 있다., 民, 民